おひとりさまの

はじめての

The ending note for ohitorisama

エンディングノート

名前			
書き始めた日	年	月	日

主婦の友社

おひとりさまだからこそ
早めの "準備" が必要です

「誰にも迷惑をかけずに生きていきたい」

そう願わない人はいないでしょう。

おひとりさまなら、なおのこと。

それでも、いつなんどき、

何があるかわからないのが人生です。

誰かに迷惑をかけてしまうのも

多少はやむを得ないと覚悟しましょう。

少し若い世代の親戚や

友達ネットワークの中で

お互い支え合って生きていく時代なのです。

それでも、迷惑を最小限にするための
準備だけは怠りなくしておきたいもの。
このノートはそのための一歩になります。
でも、「終わり」の準備だけではありません。
これからの人生を
実り豊かにするための準備にもなるのです。
人生後半戦はまだまだこれから。
もっともっと楽しみませんか?
身の回りがスッキリしたら、
生活はぐんと楽しくなるはず。

そしてゲームセットが訪れたときに
残された人は
あなたの身じまいの美しさに驚くでしょう。
「あの人らしい最期だね。見習いたい」
そう言ってもらえたら最高です。

エンディングノートが「おひとりさまピンチ」を回避する

「書かなくちゃいけないのはわかっているけどめんどう」
「気が重くなる」といわれるエンディングノート。
それでも書いておくことで避けられるトラブルは
たくさんあります。

Case 1
突然倒れて救急車。遠くの親戚より近くの他人

60代の女性Aさんは、マンションの自室で激しい頭痛に襲われた。吐き気もあり「これはマズイ」と救急車を自分で呼んだが、痛みが強くて動くことができない。隣の部屋の女性が救急隊に気づき「何か手伝えますか?」と言ってくれたので、保険証や財布などを持ってきてもらい、Aさんの姉の携帯に電話してもらった。軽い脳梗塞だったAさん。「あのとき意識を失っていたら……」と思うと今もゾッとする。たまたま隣人が手伝ってくれたが、そうでなくても家族に連絡がつくよう、救急隊に情報を伝えられるようにしなくちゃと感じている。

Case 2
バッグを盗まれた!スマホも財布もなくなって

40代の女性Bさんは、すれ違いざま自転車に乗った人にハンドバッグを奪われてしまった。財布に入っていた現金は数千円だったが、キャッシュカードとクレジットカード、そしてスマホがなくなってしまった。財布に入っていたカードが何かを正しく把握しておらず、片っ端から止めることに。友人の電話番号やメールアドレスはスマホにしか入っていなかったので、連絡のとりようがなくなってしまった。救ってくれたのは年賀状。そこからネットワークを広げ、あらためてリストを作成できた。「手書きで残す大切さ」を思い知ったという。

Case 3
ひとり暮らしの父の死。エンディングノートに救われた

Cさん（50代男性）の父は、母が亡くなってからずっとひとり暮らし。几帳面な人でエンディングノートもつけていた。あるとき父が心不全で救急搬送され、意識不明の状態に。今後の治療方針を決めるにあたってノートを見たところ、積極的な治療を希望していないことが明記されていた。父は数日後に亡くなったが、Cさんに後悔はない。友人知人の名前や電話番号もノートに記されていたので、葬儀の連絡もスムーズ。遺言書はなかったが、ノートに書かれた預貯金や不動産を妹と平等に分けることができた。意思を明確にしてくれた父に感謝している。

Case 4
独身の弟が突然死。ネット預金に気づかず……

Dさんの弟は50代で独身。会社の残業時間中に脳卒中で倒れ、数日後に亡くなってしまった。葬儀を終え、Dさんは母と一緒に弟の遺品の整理をしたが、出てきた銀行のキャッシュカードは1枚だけ。給与振り込みや公共料金の引き落とし口座で、残金はわずかだった。「何にお金を使っていたんだろう」と弟の生活に疑問をもったが、しばらくして弟の友人からネット銀行を利用していることを聞いた。その銀行に死亡届を出して預金を相続したが、ほかのネット銀行や証券会社と取引があったかどうかは、今もわからない。

Case 5
「遺産は寄付したい」の希望はかなえられなかった

70代の男性Eさんは、かねがね友人たちに「自分には身よりもないから、遺産は寄付したい」と言っていた。遺贈先は、子どもの貧困をサポートするNPO法人。Eさんはときどきボランティアで参加していたのだ。しかしEさんが亡くなったあと、財産は遠方に住む甥が相続することになった。ずいぶん前に亡くなった弟の子どもで交流はなかったが、Eさんは遺言書を残していなかったので法定相続人である甥が相続することになったのだ。せめてエンディングノートがあれば遺志を伝えられたのに、と友人たちは悔やんでいた。

このノートの使い方

コツ 1

書けそうなところから書く。1行でもいいから書く

コツ 2

日付を忘れずに。書き直したら日付も変えて

コツ 3

何度書きかえてもいい。筆記用具は消せるもので

エンディングノートは記入欄が多く、「これ全部書くの?」と思うとウンザリしてしまうものです。だからこそ、まずは1行から。最初は1ページ目に名前を書くだけでも十分です。後半になればなるほど重く感じられるかもしれませんので、Part1からスタートするのがおすすめです。銀行口座から始めましょうか。

記入欄の上には「記入日」を書き込むスペースがあります。いつ書いたものなのかがわかったほうが、残された人たちが判断しやすくなるからです。気持ちが変わって書き直したときには、日付も忘れずに変更しておきましょう。日付を記入するときは、西暦でも和暦でも大丈夫です。

人間の気持ちは常に変化するものです。今は「延命治療は受けたくない」「葬儀はしなくていい」などと思っていても、「いや、やっぱり……」と思うこともあるでしょう。そんなときには自由に書きかえてください。鉛筆や消せるペンを使って書けば、手軽に直せます。もちろん修正テープを使ってもOKです。

6つのコツ

このノートを手にとってくださってありがとうございます。
せっかくの出会いがすてきな未来に結びつくよう、
ちょっとした使い方のコツをまとめました。

コツ 4

書きながら出てきた書類は1カ所にまとめておく

エンディングノートを書くにあたって、銀行の通帳や保険証書、土地の登記簿などさまざまな書類を引っ張り出すことになるでしょう。記入がすんだら整理するチャンス。1つの引き出しにしまう、収納ケースに入れておくなど、探す手間が省けるようにまとめておきましょう。安全性に配慮し、印鑑と通帳は別の場所に。

コツ 5

暗証番号などは別のノートなどで管理

エンディングノートは、誰の目にふれるかわかりません。暗証番号、パスワード、マイナンバーなどの重要な番号は、一部を××（伏字）にするなど、すぐにはわからないように記入しましょう。別のノートを用意して正しいものはそこに書き、どこに置いてあるかのヒントを記入するのがおすすめです。

コツ 6

このノートのありかは信頼できる人に伝える

エンディングノートを書いたことは、親しい人に必ず伝えておきましょう。せっかく書いても「見つかったのは遺品整理のとき」では、遺族や友人に後悔が残ってしまいます。生前には見てほしくないページがあるなら、折り込んでおいたり、テープをはったりして、簡単に読めないようにしておきましょう。

まず記入 私の基本情報

■自分に関する基本情報から書き始めましょう。

■住所や電話番号などが変更になった場合には、修正テープなどを使って書き直しましょう。

記入日　　　年　　　月　　　日

フリガナ	性別		
名前	生年月日	年	月 日

現住所　〒

本籍地

電話番号	FAX
携帯電話	

e-mail	@
e-mail	@
e-mail	@

勤務先や 所属団体名

所在地　〒

電話番号	

メモ

★p.43の健康・医療情報とダブリがある場合も念のため両方に記入しておきましょう。

緊急連絡先

記入日 　　　年　　　月　　　日

■何かあった場合に、真っ先に連絡してほしい人の名前と連絡先を記入しましょう。

■携帯電話、メールアドレスなど連絡しやすいものを書いておきましょう。

名前	続柄・間柄
連絡先①	連絡先②

名前	続柄・間柄
連絡先①	連絡先②

名前	続柄・間柄
連絡先①	連絡先②

公的書類番号

記入日 　　　年　　　月　　　日

■健康保険証や運転免許証などの公的な管理番号などの控えをとっておくと、紛失したときに役立ちます。

名　称	記号・番号	保管場所など
健康保険証		
運転免許証		
パスポート		
マイナンバーカード		

 ★マイナンバーは記入せず、カードの置き場のヒントをメモしておくだけでもOK。

もくじ

わたしのお金

Part 1

最初に整理したいのはお金のこと。

「老後資金は2000万円」なんていわれますが

数字に振り回されてはいけません。

自分の懐事情をしっかり把握しておきましょう。

お金の不安は書いて解消！

自分の大切な資産だから
モレ・ヌケなしで把握しておこう

「おひとりさま」と一口に言っても、その背景はさまざまです。若い頃からのベテランおひとりさまもいれば、配偶者との死別や離婚でおひとりさまになった人もいるでしょう。子や孫がいる人も、いない人もいると思います。それでも多くの人は、ひとりで生計を立てているはず。そう、あなたのお金はあなただけのものです。

そうは言っても、認知症になったり寝たきりになったりしたら、管理を誰かに託さなくてはいけません。「いつ頃？　誰に？」を考えることも大事ですが、その前にすべきことがあります。それは、**資産を整理して「見える化」すること**です。その目的は、あなたに何かあったときでも資産を有効に活用してもらうため。どこに何があるか、パッと見てわかるようにしておきましょう。もうひとつ、今後に向けた金銭的な備えを見

「老後を生きる」必要資金っておいくら？

「老後資金は2000万円必要」と言われても、本当にそんなに必要？　逆にそれで足りるの？　気になる人は計算してみましょう。現在の年齢から平均寿命（女性88歳、男性82歳）を引いた年数で計算を。とじ込みのマネープラン表も参照しながらやってみましょう。

計算してみよう

毎年入る金額は
年額×平均寿命までの年数で計算

公的年金	円
個人年金・企業年金	円
退職金	円
	円
	円
	円

預貯金	円
有価証券	円
	円
	円
	円

▼ **収入**

円

＋

▼ 現在の**貯蓄残高**（時価）

円

－

直す意味でも大切です。平均寿命が延びた今、100歳まで生きる人は珍しくありません。**長生きのコストを把握すること**も、おひとりさまには絶対に必要です。記入すべき事項が多くてめんどうになるかもしれませんが、書けそうなところからで大丈夫。「記入欄が足りない」という場合には、口座やカードなどを持ちすぎかもしれません。この機会に不要なものは解約してしまいましょう。

「お金・情報・マンパワー」がおひとりさまの老後を支える3本柱

将来、病気や介護が必要になったときに、お金が足りるのか不安になることもありますよね。でも大丈夫。医療面では**高額療養費制度**をはじめとするサポート制度がありますし、低所得者向けの介護施設もあります。今から情報を集めて「いざ」というときに備えましょう。親戚や友人などのネットワークも大切。お互いにサポートし合うことで、経費を抑えられるだけでなく、安心感も得られます。もちろん支出を抑えるなどの家計の見直しは早めにスタート。

毎年かかる金額は 年額×平均寿命までの年数で計算

生活費	円
住宅ローン・マンション管理費	円
車の維持費	円
趣味や旅行	円
葬儀代など	円
	円

記入日	年	月	日

高齢になったときの生活費がどのくらいかかるのかはわかりにくいが、総務省「令和2年度家計調査年報」によると、65歳以上のおひとりさま（単身無職世帯）の平均支出は月額約13.3万円。一方で税金や社会保険料を差し引いた可処分所得は約12.5万円。確実に収入だけでは不足する。下の収支の差額がプラスになっていれば、ひとまずは安心。マイナスになっていれば、不足分を今から準備する必要がある。

▼支出

円

老後資金 収支の差額

円

=

預貯金・金融資産

自分の現在の財政状況を知るには、預貯金などの資産を詳細に確認することからスタート。
相続のことなども考えながら、保有財産を洗い出していきましょう。

□ 預貯金口座はメインのみに絞る

死後の手続きの煩雑さを考えると、口座は1〜2がベスト。ただ、万が一銀行が破綻した場合に保護されるのは1行につき1000万円までなので、それ以上の預金がある人は分散しておくことがおすすめ。

□ 定期預金を整理する

定期預金は現金化しにくいうえ、現在は金利的にもメリットは低い。満期前でも解約や、期間が短いものを検討してみよう。満期が近い場合には、満期日に自動的に解約できるよう銀行に連絡を。

□ 株や投資信託の現金化を検討

株式や投資信託などの有価証券は、何を持っているか本人以外知らないことが多い。まずはこのノートに明記したうえで、状況に応じて相場を見ながら徐々に現金化していくのも手。

□ 資産額をメモするノートを用意

預貯金額は変わるものなので、このノートには記入せず、別のノートで管理。半年に一度などタイミングを決めて、定期的に金額をチェックして更新していくと管理しやすい。

預貯金口座

■メインバンクから順番に書いていきましょう。
■ネット銀行は通帳がないので記入モレのないように。

▼記入例

金融機関名 主婦の友銀行	支店名	東京支店
	店番号	999
口座番号 12349876	種類	☑普通 □定期 □その他
名義人 友田幸子	Web用ID	abc1234#
備考 年金振込口座 ※寝室のタンス。上の引き出し		

  ★備考欄には通帳の置き場所などをメモしておくといいでしょう。

金融機関名	支店名
	店番号
口座番号	種類　　□普通　　□定期　　□その他
名義人	Web用ID
備考	

金融機関名	支店名
	店番号
口座番号	種類　　□普通　　□定期　　□その他
名義人	Web用ID
備考	

金融機関名	支店名
	店番号
口座番号	種類　　□普通　　□定期　　□その他
名義人	Web用ID
備考	

金融機関名	支店名
	店番号
口座番号	種類　　□普通　　□定期　　□その他
名義人	Web用ID
備考	

わたしのお金　預貯金・金融資産

★悪用される恐れがあるので、ここに暗証番号やパスワードは書かないでください。

預貯金口座

金融機関名		支店名		
		店番号		
口座番号		種類	☐普通　☐定期　☐その他	
名義人		Web用ID		
備考				

金融機関名		支店名		
		店番号		
口座番号		種類	☐普通　☐定期　☐その他	
名義人		Web用ID		
備考				

金融機関名		支店名		
		店番号		
口座番号		種類	☐普通　☐定期　☐その他	
名義人		Web用ID		
備考				

金融機関名		支店名		
		店番号		
口座番号		種類	☐普通　☐定期　☐その他	
名義人		Web用ID		
備考				

 ★通帳と印鑑のセットを確認したら、別々の場所に保管しましょう。

有価証券

■金融機関の証券口座を記入し、備考欄に株式、債券、投資信託など商品の種類をメモしておきましょう。

■ネット証券についても忘れずに。

金融機関名	取引店名 (担当者名)
名義人	口座番号
Web用ID	備考 (銘柄など)

金融機関名	取引店名 (担当者名)
名義人	口座番号
Web用ID	備考 (銘柄など)

金融機関名	取引店名 (担当者名)
名義人	口座番号
Web用ID	備考 (銘柄など)

金融機関名	取引店名 (担当者名)
名義人	口座番号
Web用ID	備考 (銘柄など)

その他

記入日　　　年　　　月　　　日

■純金積立やゴルフ会員権などを記入しましょう。

種類・名称	取扱会社	名義人

★高価な美術品やコレクションなどがあればメモしておきましょう。

生命保険

「若い頃に契約して以来、保険の内容を確認していない」という人は少なくないかもしれません。
保険証書などをいま一度確認して、いざというときに確実に使えるよう準備を。

保障内容はココを確認！

まず確認したいのは受取人です。親世代を受取人に指定している人は、甥や姪、子どもなど年下の世代に変更することも検討を。自分で請求できないときのために、指定代理請求人を立てているかもチェックしましょう。

保険金額や保障内容が現在のニーズに合っているかも重要です。たとえば最近は、がんになっても入院せず、通院で抗がん剤治療をするケースが増えています。そんなときは「治療給付金」や「通院給付金」が役立ちますが、古いがん保険だと「入院のみ」「入院1週間後から給付開始」など現状に合わないことも。預貯金が潤沢なら、高額な保障も不要でしょう。

一方、「預貯金が少ないから葬儀代だけでも用意したい」と思うなら、少額短期保険という選択肢もあります。年齢にかかわらず加入できるプラン、月々1000円以下の保険料で加入できるプランもあります。

ここをチェック

- ☐ **受取人は誰？**
- ☐ **保険金額は適切？**
- ☐ **今のニーズに合っている？**
- ☐ **指定代理請求人の有無は？**

▼ 記入例

保険会社名	主婦の友生命	保険の種類 商品名	総合医療あんしんコース
		被保険者	友田幸子
契約者	友田幸子	受取人	友田一郎
保険期間	終身	保険料	5000円／月
担当者等	田中さん（電話 090-1234-5678）	指定代理請求人の有無	有（名前　　　　　）無
保障内容	死亡時 1000万円　入院時 5000円／日		

★指定代理請求人は、本人に代わって保険金の請求ができる。
配偶者や3親等以内の人などをあらかじめ指定すること。

生命保険・医療保険

保険会社名	保険の種類 商品名
契約者	被保険者
	受取人
保険期間	保険料
担当者等	指定代理請求人 の有無　　有（名前　　　　　　）無
保障内容	

保険会社名	保険の種類 商品名
契約者	被保険者
	受取人
保険期間	保険料
担当者等	指定代理請求人 の有無　　有（名前　　　　　　）無
保障内容	

損害保険（火災保険、自動車保険など）

記入日　　　年　　月　　日

保険会社名	保険の種類 商品名
契約者	被保険者
	受取人
保険期間	保険料
担当者等	指定代理請求人 の有無　　有（名前　　　　　　）無
補償内容	

保険会社名	保険の種類 商品名
契約者	被保険者
	受取人
保険期間	保険料
担当者等	指定代理請求人 の有無　　有（名前　　　　　　）無
補償内容	

わたしのお金　生命保険

★火災保険に地震保険が付帯しているものは、その旨もメモしておきましょう。

カード情報

クレジットカードは現金と同じ。悪用される恐れがありますから、紛失したら即座に届けを出さなければいけません。カード番号や紛失時の連絡先などをメモしておくと役立ちます。

そのカード、必要ですか？

お財布がカード類でパンパンなら、この機会に枚数を減らしませんか？　クレジットカードの記入欄はここに6つしかありませんから、6枚以上ある人は「多すぎるのかも」と考えて。メインカード1枚、サブカード1枚でなんとかな

るのではないでしょうか。電子マネーのカードやデビットカードの中には使っていないものもあるのでは？　紛失して悪用される恐れもあります。不要なものを解約することは、リスクの回避にもつながるのです。

クレジットカード

記入日　　　　　　年　　　　月　　　　日

■不正使用の恐れがあるので、暗証番号や有効期限は書かないこと。
■カード番号の一部は××（伏字）で書いてもいいでしょう。

▼ 記入例

カード名	主婦の友カード	クレジットブランド	VISA
カード番号	9876-5432- ×××1	Web ID	zyx0123
紛失時の連絡先	0120-123-123	備考 年会費7月3000円／年・公共料金引き落とし	

カード名		クレジットブランド	
カード番号		Web用ID	
紛失時の連絡先		備考	

カード名		クレジットブランド	
カード番号		Web用ID	
紛失時の連絡先		備考	

カード名		クレジットブランド	
カード番号		Web用ID	
紛失時の連絡先		備考	

★クレジットブランドとはVISA、Master、JCBなどのこと。

カード名		クレジット ブランド	
カード番号		Web用ID	
紛失時の連絡先		備考	

カード名		クレジット ブランド	
カード番号		Web用ID	
紛失時の連絡先		備考	

カード名		クレジット ブランド	
カード番号		Web用ID	
紛失時の連絡先		備考	

キャッシュカード

記入日　　　年　　　月　　　日

■口座番号はp.15で記入しているので、銀行名やカードの種類のみ整理。

銀行名	カードの種類
ジャパン銀行	☑普通　☑貯蓄　☐デビット　☐ローン　☐その他
	☐普通　☐貯蓄　☐デビット　☐ローン　☐その他
	☐普通　☐貯蓄　☐デビット　☐ローン　☐その他
	☐普通　☐貯蓄　☐デビット　☐ローン　☐その他
	☐普通　☐貯蓄　☐デビット　☐ローン　☐その他
	☐普通　☐貯蓄　☐デビット　☐ローン　☐その他

電子マネー・ポイントカード

記入日　　　年　　　月　　　日

■よく使うカードのみでOK。カードのない電子マネーはp.37に記入。

カード名	番号	備考
TOMOCA	1001 2020 3003 4040	交通系

★ポイントカードにクレジット機能がついているものもあります。確認を。

引き落とし情報

銀行やクレジットカードからの引き落としは便利ですが、自分の死後も自動引き落としされてしまうことも。「どこで何が引き落とされているか」を元気なうちに整理しましょう。

定期的な引き落としを見直すチャンス

☐ 引き落とし口座は集約しよう

引き落とし口座はできるだけメインバンクの口座に集約しておこう。銀行口座の数を減らすことができるうえ、死後の手続きをしてくれる人の負担を減らすことにもなる。

☐ 解約したほうがいいサブスクは？

自分でも「この引き落としはなんだったっけ？」と思うものがあるのでは？　月々1000円程度でも、1年なら1万円を超える。死後もずっと引き落とされることもあるので、不要なサブスクリプションは早めに解約を。

☐ 死後に名義変更が必要なものは？

死後は銀行口座が凍結されてしまうので、自動引き落としもできなくなる。「子どもの保険料を払っている」など、名義変更して引き継ぐ必要があるものは備考欄にメモしておこう。

クレジットカードからの引き落とし

記入日　　　年　　　月　　　日

カード名	項目	引き落とし日	
主婦の友カード	電気、携帯電話、新聞、ケーブルテレビ	毎月	25 日
		毎月	日
		毎月	日
		毎月	日
		毎月	日

★サブスクリプションとは定額制サービスのこと。動画配信サービスなどが代表的。

銀行口座からの引き落とし

記入日　　　年　　　月　　　日

項目	金融機関・支店名	引き落とし日	備考
電気	主婦の友銀行中央支店	毎月 30 日	SF電気を利用
電気		毎月　　日	
ガス		毎月　　日	
水道		毎月　　日	
電話（家庭）		毎月　　日	
電話（携帯）		毎月　　日	
NHK受信料		毎月　　日	
クレジットカード		毎月　　日	
		毎月　　日	
		毎月　　日	
		毎月　　日	
		毎月　　日	
		毎月　　日	
		毎月　　日	
		毎月　　日	
		毎月　　日	
		毎月　　日	
		毎月　　日	
		毎月　　日	
		毎月　　日	

そのほかにも　・健康保険　・国民年金　・習い事の月謝　・家賃、管理費、修繕費　・プロバイダー契約　・動画配信サービス　・定期購読の雑誌　・友の会　など

Memo

★クレジットカード引き落としはカード名も記入しておきましょう。

23

借入金、貸付

相続されるのはプラスの資産だけではありません。借金や保証債務も相続の対象になってしまいますから、あなたの遺産を受け継ぐ人に迷惑をかけないためにもここに明記を。

負の遺産こそ明確に

● 借金などの負債も相続されます

相続人には「相続放棄」する権利があります。金融資産や不動産などのプラスの資産と、借金などのマイナスの資産を比較してデメリットが大きい場合には放棄できるのです。ただし、相続放棄の申請期限は3カ月。相続人をトラブルに巻き込まないためにもマイナス資産は正確に記入を。

● 返済リストは別紙に明記していこう

現在返済中のローンや借金がある場合、返済状況は別のノートに随時記入し、借用書や領収書などとともに保管を。このノートには、その保管場所などをメモしておくといいでしょう。

ローン

記入日　　　　年　　　月　　　日

ローンの種類	□ 住宅	□ 自動車	□ 教育	□ カードローン	□ その他（　　　　　　）
借入先			借入金額		
借入日　　　年　　月　　日			完済予定日　　　年　　月　　日		
金利			返済方法		
書類保管場所			備考		

ローンの種類	□ 住宅	□ 自動車	□ 教育	□ カードローン	□ その他（　　　　　　）
借入先			借入金額		
借入日　　　年　　月　　日			完済予定日　　　年　　月　　日		
金利			返済方法		
書類保管場所			備考		

ローンの種類	□ 住宅	□ 自動車	□ 教育	□ カードローン	□ その他（　　　　　　）
借入先			借入金額		
借入日　　　年　　月　　日			完済予定日　　　年　　月　　日		
金利			返済方法		
書類保管場所			備考		

★知人や友人などの保証人になった場合には保証債務も相続の対象です。

借入金

	記入日		年	月	日

借りた人の名前	借入金額			
借入日　　　　年　　　月　　　日	完済予定日	年	月	日
返済方法	書類保管場所			
備考				

借りた人の名前	借入金額			
借入日　　　　年　　　月　　　日	完済予定日	年	月	日
返済方法	書類保管場所			
備考				

貸付金

	記入日		年	月	日

貸した人の名前	連絡先	
貸した日　　　　年　　　月　　　日	貸付金額	円
条件（金利等）	証書の有無　　□ 有　□ 無	
証書保管場所	備考	

貸した人の名前	連絡先	
貸した日　　　　年　　　月　　　日	金額	円
条件（金利等）	証書の有無　　□ 有　□ 無	
証書保管場所	備考	

保証債務（連帯保証人など）

	記入日		年	月	日

保証した日　　　　年　　　月　　　日	金額	円
主債務者（あなたが保証した人）	連絡先	
債権者（お金を貸した人）	連絡先	
備考		

保証した日　　　　年　　　月　　　日	金額	円
主債務者（あなたが保証した人）	連絡先	
債権者（お金を貸した人）	連絡先	
備考		

 ★安易にカードローンを借りたり保証人になったりすることは避けましょう。

年金

老後の収入源の柱は年金です。まだ年金を受給していない人も、自分はどのくらいもらえるのかを把握して、今後の資産管理や将来設計に生かしていきましょう。

ねんきん定期便をチェック！

　毎年誕生月に送られてくる「ねんきん定期便」は必ずチェックしましょう。65歳から年金の受給を開始した場合と、繰り下げ受給の場合の金額なども示されているので、収入の予測を立てるのに役立ちます。ちなみに、65歳で受け取るのと70歳ではどちらがお得だと思いますか？　約81歳よりも長生きすれば、70歳で受給したほうがお得です。そうは言っても、何歳まで生きられるかはわかりません。その年齢での必要性で決めていくのがいいでしょう。

■ 令和3年度「ねんきん定期便」 50歳以上

オモテ

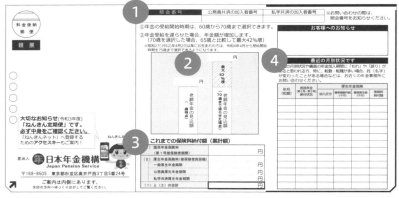

ウラ

1. 「ねんきん定期便」「ねんきんネット」専用番号に照会するときに必要な問い合わせ番号。

2. 老齢年金の見込み額のグラフ。70歳まで受給を繰り下げた場合の差額が示される。

3. これまでの納付額の累計。転職経験がある人などはモレがないかチェック。

4. 国民年金、厚生年金などの最近の入金状況。誤りがないか確認を。

5. 受給資格があるかどうか判断する期間。合計が120カ月（10年）以上必要。

6. 65歳以降の予想年金額。何歳からどの年金がいくらもらえるかがわかる。

 ★個人年金保険に加入している場合にはp.19の保険の欄に記入を。

公的年金

記入日　　　年　　　月　　　日

基礎年金番号	加入したことのある年金
	☐ 国民年金　　☐ 厚生年金　　☐ 共済年金 ☐ その他 (国民年金基金 など 　　　　　　　　)
支払い（受け取り）金融機関・支店	口座番号
最寄りの年金事務所	連絡先
年金証書番号（受け取っている人）	

企業年金、個人年金など

記入日　　　年　　　月　　　日

名称	連絡先	備考

私の職歴

記入日　　　年　　　月　　　日

働いた期間	職歴	備考
1985 年 4 月～ 1990 年 3 月	主婦生命株式会社	
年　　月～　　年　　月		
年　　月～　　年　　月		
年　　月～　　年　　月		
年　　月～　　年　　月		
年　　月～　　年　　月		
年　　月～　　年　　月		

Memo

★年金の確認にも役立つので職歴はモレなく記入しておきましょう。

iDeCoとつみたてNISAで老後資金 増額計画始めよう

老後資金のためにコツコツ積み立てしよう！と思っているなら、iDeCoとつみたてNISAははずせません。どちらも国が、個人資産形成を応援するために作った制度で、いずれも税金面で有利な条件がついています。

まずは iDeCo でつみたて NISA をプラス

もしあなたが60歳未満なら、少しでも早くiDeCoを始めることをおすすめします。iDeCoは60歳までは引き出せませんが、老後資金なら問題ないはず。掛け金は全額所得控除の対象になりますし、運用益が出ても税金がかかりません。受け取り時にも公的年金と同じ扱いで税制優遇が受けられます。

つみたてNISAは、少額から長期にわたって分散投資していくための非課税制度です。利益が出ても税金がかかりません。

比較するとお得感が強いのはiDeCoですが、60歳までしか加入できないのが残念なところ。法改正で65歳までに延長できる見込みです（2022年5月から）が、60歳以上でも国民年金に加入していることが前提になります。iDeCoが使えない年齢の人は、つみたてNISAを中心に資産形成を進めていくといいでしょう。

つみたてNISA		iDeCo（個人型確定拠出年金）
年間40万円	投資限度額	会社員　年間14.4万円〜 27.6万円 自営業　年間81.6万円　など
2037年まで	投資できる期間	60歳まで（※）
20年間	運用期間	最長70歳まで
金融庁が定めた投資信託	運用できる商品	預貯金・投資信託・保険商品
運用益は非課税	税制優遇	・運用益は非課税 ・掛け金を所得控除できる ・受け取り時に公的年金等控除が使える
いつでも可	途中引き出し	原則60歳まで不可（※）

※2022年5月以降、iDeCoの加入期間が65歳に変更される予定。

わたしのデジタル資産

Part 2

いつの間にかデジタルな時代になって
目に見えないお金を使うことにも少し慣れました。
だからこそ目に見える形で記録しておきましょう。
誰にも気づかれずに消えてしまう前に。

デジタル時代だからこそ紙に

デジタル資産って何？
死後はどうなる？

　総務省の「令和2年通信利用動向調査」によると、スマホを保有している世帯は86.8%と過去最高になりました。世代別にみても、50代で85.9%、60代で67.4%、70代でも38.3%の保有率。今後はさらに増えていくことでしょう。

　そんななか、亡くなった人のデジタル資産（デジタル遺産、デジタル遺品）に関するトラブルも相次いでいます。デジタル資産とは何かと言うと、代表的なものは以下になるでしょう。

金融資産 ネット銀行などの預金や、ネット証券に保有する株式、電子マネー、ポイント、暗号資産（仮想通貨）など。

データ パソコンやスマホ本体だけでなく、クラウド上に残された文書、画像、音楽、電子メールなど。

個人情報 スマホやSNSに残された友人知人の連絡先や写真など。

　パソコンやスマホといったデバイス（情報機器）は、ほかの遺品と同じように相続対象になります。つまりデータや個人情報に関しても、そのまま引き継がれてしまう可能性はあるということです。情報機器はプライバシーのかたまり。自分の死後、これを家族や友人が取り扱うことになるという意識をもって、準備を進めていきたいものです。

持ち主の死後に
ありがちなトラブルとは？

　デジタル資産の最大の問題点は、パソコンやスマホの中を簡単に見られないことです。ログインできなければ重要な情報が入っているかさえわかりません。ともに暮らす家族がいれば、日常会話の中で「ネット銀行と取引していたようだ」「SNSをやっていたみたい」などが自然に伝わるのですが、おひとりさまだと難しいことも。自分の死後、見てほしい情報と見られたくない情報は定期的に仕分けしておき、それを紙に書いておくことが重要です。

残そう！

定期的に見直すべきこと

☐ IDやパスワードを　紙にメモ

スマホやパソコンを使っていると、IDやパスワードを設定する場面も多い。自分だけがわかっていればいいと思いがちだが、死後、家族や友人に多大な負担をかけることも。設定するたびにメモやヒントを残すことは、死後の事務処理をしてくれる人への思いやり。

☐ 人に託したいデータは　わかりやすいタイトルをつける

思い出の写真、仕事や趣味に関することで誰かに引き継ぎたいファイル、家族や友人へのメッセージなどは、それとわかるようなタイトルをつけて保存しておこう。デスクトップなど、見つけやすい場所に置くといい。そのことも、このノートに残しておこう。

☐ 見てほしくないデータは　自衛手段をとる

「誰にも見られたくない」というデータには、ロックをかけて開かないようにしておこう。一定期間ログインされないと自動的に消去されるソフトを使うという方法もあるが、難しい場合にはせめて「〇〇というファイルは見ないで消去」などのメモを残そう。

☐ ネット銀行やネット証券は　ノートに書く

オンライン上の口座にお金を預けている場合には、銀行名や口座番号などを手書きで残しておくこと。通帳がなく、連絡もメールなどで届くため、誰にも知られることなく休眠口座になってしまう可能性がある。Part1の預貯金のページに忘れずに記入を。

☐ サブスクリプションを　明記しておく

ネット銀行の口座でサブスクを契約している場合は要注意。口座の存在を誰も知らなければ死後も口座が凍結されないので、永久に引き落とし続けられることに。自分でもうっかり存在を忘れがちなサブスクだからこそ、契約したらノートに書いておくことが必要。

☐ 放置しているＳＮＳを　整理する

最近話題になっているのが、ＳＮＳのアカウントの「乗っ取り」。持ち主の死後、放置されているＳＮＳのアカウントを第三者が乗っ取り、つながっている人に詐欺行為を行うなどのトラブルが発生したケースも。使っていないＳＮＳアカウントは整理しよう。

デバイス　パソコン、スマホ、タブレットなどの電子機器

まずは、パソコンやスマホ、タブレットなどのデバイス（情報機器）をどうするか考えていきましょう。あなたの死後は遺品として誰かに相続されてしまってもいい？

☐ 譲るか、処分するかを決める

死後、パソコンやスマホを処分したい場合には、周囲の信頼できる人にその旨伝えておこう。このノートにも記入し、データを消去してから処分してもらうよう書き残して。

☐ ログインパスワードをメモする

このページに、デバイスにログインするためのパスワードの記入欄を設けているが、悪用される可能性もある。このノートにはヒントだけ書き、別紙に書いて保管しておくことがおすすめ。

☐ データの消去について相談（p.34、35に記入）

死後のデータの扱いについては、このノートに書ききれないこともあるので、信頼できる人に相談しておくのが一番。ここには相談相手の名前を書くのでもよい。

☐ パスワード再発行に必要な情報を書く

Webサイトなどのパスワードは再発行できるので、IDやメールアドレス、キーワードなど、再発行するときに必要な情報をこのノートに書き残しておくといい。

スマートフォン（携帯電話）　　記入日　　　年　　月　　日

メーカー・型番	ロック解除のパスワード
	電話番号
契約先	携帯メールアドレス　　　　　　　　＠
名義人	ID、アカウントパスワード
死後の扱い　☐廃棄　☐譲渡（誰に　　　　　　　　　　　） ☐その他（　　　　　　　　　　　　　　　　　　　　　）	

★古いパソコンなどはセキュリティ面で不安も。デバイスの相続はおすすめしません。

パソコン

メーカー・型番		ログイン パスワード	
ユーザー名		メール アドレス	@
死後の扱い	☐廃棄　☐譲渡（誰に　　　　　　　　　） ☐その他（　　　　　　　　　　　　　　　　　　）		

タブレット

記入日　　　年　　　月　　　日

メーカー・型番		ログイン パスワード	
死後の扱い	☐廃棄　☐譲渡（誰に　　　　　　　　　） ☐その他（　　　　　　　　　　　　　　　　　　）		

メーカー・型番		ログイン パスワード	
死後の扱い	☐廃棄　☐譲渡（誰に　　　　　　　　　） ☐その他（　　　　　　　　　　　　　　　　　　）		

デバイスの中のデータの扱いについては
次のページに記入してください。

インターネット契約プロバイダー

記入日　　　年　　　月　　　日

プロバイダー名		連絡先	
会員ID		パスワード	

Memo

★死後に見られると恥になるデータは、そのつど削除するのが一番確実です。

わたしのデジタル資産　デバイス

デジタルデータ

保存されている膨大なデータの管理を、このノートに書ききれるわけではありません。
残された人が判断しやすいように、今の自分の考えをメモしておくといいでしょう。

データに関する私の基本的な希望　　記入日　　　　年　　　月　　　日

■「すべて消去してほしい」「○○さん以外の人には見てほしくない」など
　思っていることを自由に書きましょう。相談相手などもここに。

スマートフォンのデータ　　記入日　　　　年　　　月　　　日

データの取り扱い	☐ 見ないですべてのデータを消去してほしい	☐ 見てほしいデータがある
	☐ 見ずに消去してほしいデータがある	☐ （　　　　　　　　　）に任せる
見てほしいフォルダ		
見てほしくないフォルダ		
備考		

パソコンのデータ　　記入日　　　　年　　　月　　　日

データの取り扱い	☐ 見ないですべてのデータを消去してほしい	☐ 見てほしいデータがある
	☐ 見ずに消去してほしいデータがある	☐ （　　　　　　　　　）に任せる
見てほしいフォルダ		
見てほしくないフォルダ		
備考		

★消去してもデータが残る場合も。記憶媒体を取り出して壊すのが一番確実。

タブレットのデータ

記入日　　　　年　　　月　　　日

データの取り扱い	☐ 見ないですべてのデータを消去してほしい	☐ 見てほしいデータがある
	☐ 見ずに消去してほしいデータがある	☐ （　　　　　　　　　　　　）に任せる

見てほしいフォルダ

見てほしくないフォルダ

備考

USBデータ

記入日　　　　年　　　月　　　日

データの取り扱い	☐ すべてのUSBを処分してほしい	☐ その他（以下に記入）

私の希望	●処分してほしいデータ ●誰かに委ねたいデータなど

Blu-ray、DVD、CD

記入日　　　　年　　　月　　　日

データの取り扱い	☐ すべてのディスクを処分してほしい	☐ その他（以下に記入）

私の希望	●処分してほしいデータ ●譲渡したいデータなど

外付けハードディスクのデータ

記入日　　　　年　　　月　　　日

データの取り扱い	☐ すべてのデータを処分してほしい	☐ その他（以下に記入）

私の希望	●処分してほしいフォルダ ●見てほしいフォルダなど

★知的活動、芸術的活動をしている人はデータ（作品）を誰に委ねるかを明記して。

SNS、Webサイト

InstagramやFacebookでは死後に「追悼アカウント」を投稿してもらうことができます。
LINEを使って死亡報告してから、アカウントを閉鎖する人も増えています。

SNSやWebサイトに関する私の希望　　記入日　　　年　　月　　日

- ☐ 死後はすみやかに閉鎖してほしい
- ☐ 追悼アカウントがあるものは希望する
- ☐ その他

- ☐ 継承できるものは継承してほしい
  （誰に？　　　　　　　　何を？　　　　）

使っている SNS　　記入日　　　年　　月　　日

■自分が使っているもののみ記入しましょう。

SNS	ID、ユーザー名	登録の電話番号・メアド	パスワードなど
LINE			
Twitter			
Facebook			
Instagram			
TikTok			

ブログ、Webサイト　　記入日　　　年　　月　　日

ブログ名　サイト名	
URL	
ID	パスワード
登録メールアドレス	

ブログ名　サイト名	
URL	
ID	パスワード
登録メールアドレス	

★仕事でブログを運営しているなら、死後も継承可能なサービスを利用しましょう。

モバイル決済、ポイント

チャージ済みの電子マネーや、マイレージ、ポイントなどの死後の扱いは各社で違います。
「死亡届を提出すれば払い戻しが可能」「相続人による継承が可能」もあるので確認しましょう。

モバイル決済

記入日　　　　年　　　月　　　日

■自分が使っているものに✔を入れ、必要な情報をメモしましょう。
■カードになっているものはp.21のカード情報に記入しましょう。

	名称	登録電話番号など	パスワード	備考
バーコード決済	☐ PayPay			
	☐ d払い			
	☐ au PAY			
	☐ LINE Pay			
	☐ 楽天ペイ			
	☐ ファミペイ			
非接触型決済	☐ WAON			
	☐ nanaco			
	☐ 交通系 (Suicaなど)			
	☐ iD			
	☐ QUICPay			

オンラインポイント

記入日　　　　年　　　月　　　日

■マイルやクレジットカードのポイントなど、高額になりそうなポイントがあれば
　メモしておきましょう。

 ★JALやANAのマイレージは相続人による相続が可能です。

デジタル遺品の
ロック解除で困ったときには？

契約したお店に行っても
ロック解除はできません

　ネット銀行やネット証券を利用する人が増加しています。その情報はこのようなノートに書き残しておかないと、ネット上に故人の資産があるのかないのか、それすらもわかりません。

　情報がスマホやパソコンの中にあることは確かです。といっても他人がロックを解除してログインするのは簡単なことではありません。

　「スマホを契約したお店に持っていけば、解除してもらえるんじゃないの？」と思っている人が少なくないのですが、お店にパスワードなどの個人情報はありませんし、調べてもらうこともできません。サポートセンターも同じです。

ロック解除のパスワード
あてずっぽうで押してみる？

　ひとつの方法は、故人が設定していそうなパスワードを片っ端から押してみることです。それでも解除できない場合には、専門業者に依頼するという方法もありますが確実ではありません。現在は暗号化が進んでいる関係でロック解除は非常に難しくなっているのです。成功した場合の報酬は20万円とも30万円ともいわれています。

　ハイレベルなロック機能は、プライバシーを守るうえで非常に有効ですが、死後のトラブルは増えるばかり。パスワードなどは手書きで書き残し、開けてほしくないデータだけは自動消去ソフトなどを利用して、見られないようにするのが一番かもしれません。

自動消去のソフトを使ってみよう

「僕が死んだら……」というソフトは、デスクトップ上の「遺言」というファイルを開くと、あらかじめ指定していたファイルが自動的に消去されるしくみ。「死後の世界」は、一定期間アクセスがないと、指定されたフォルダやファイルが自動的に消去されるソフト。ほかにもいくつかのフリーソフトがあるので調べてみるといい。

わたしの健康

Part 3

病気もケガもせずピンピン元気で生きられて
寿命を超えてコロリと天に召されたら幸せですが
それは神のみぞ知ること。健康でいる努力をしつつ
いざというときの準備も抜かりなく。

緊急時の対策は怠りなく！

「死んだあと」より重要な「不健康になってから」の準備

日本人の平均寿命は年々延びていますが、「健康寿命」との差が開いていることをご存じでしょうか。健康寿命とは、日常生活を制限なく健康的に生活できる期間のこと。女性の場合、平均寿命は87.74歳ですが、健康寿命は74.79歳。男性は平均寿命81.64歳に対して、健康寿命は72.14歳。その差は女性で13年、男性で10年。つまりこれが、亡くなるまでの「不健康な期間」ということです。

不健康期間が長いということは、けっして悪いことではありません。病気や障害を抱えていても、適切な医療や介護を受けて長く生きられる環境が整っている証拠なの

ですから。それでも不健康な期間を短くするために、運動や食事の配慮はしたほうがいいに決まっています。そして同時に、「**不健康な状態でも長生きしてしまう時代**なのだ（しかも10年以上！）」という覚悟も必要なのです。

さて、その間は誰に手助けしてもらいますか？　おひとりさまはその準備が必要です。友人たちとネットワークを作る、子どもがいない人は甥や姪など年下の親戚に協力者になってもらう、介護保険制度についても調べておき、その費用を用意する……できることはいろいろです。早めに対策を講じておきましょう。

※平均寿命の数値は令和2年、健康寿命は平成28年の厚生労働省のデータ。

突然のケガや病気で頼れる「誰か」をキープしよう

急な病気やアクシデントがあったとき、おひとりさまはマンパワーが不足しがちです。病院では当然のように、「ご家族に立ち会ってもらってください」と言われたり、「保証人を立ててほしい」と求められたり。頼れる親族がいない場合には、友人間で「いざとなったらお願い」と言える関係を作りましょう。それも難しい場合には、身元保証の代行サービスなども検討してみて。介護施設に入る場合などにも頼りになります。

おひとりさまの「いざというとき」対策Point

☐ かかりつけ医を持つ

年齢を重ねると、大きな病気や小さな不調が増えてくるもの。家の近くにかかりつけ医がいると相談しやすく、大病院に紹介してもらう流れもスムーズ。介護保険が必要になったときにも、状況を理解したうえで「主治医の意見書」を書いてもらうことができる。

☐ かかりつけ薬局を持つ

年齢とともに処方される薬も増えてくる。かかりつけ薬局があると、複数の病院で処方されている薬の飲み合わせなどをチェックしてもらい、必要に応じて医師に確認や相談をしてもらえる。そのためにもお薬手帳は1冊に集約し、薬の内容を正しく記録して。

☐ 医療関係のものをまとめる

保険証、診察券、お薬手帳、医療保険の証書など、医療関係の書類は1つの引き出しなどを決めてまとめておくといい。突然入院することになっても、必要なものが1カ所にまとまっていれば自分もあわてずにすむし、人にも「持ってきて」と頼みやすい。

☐ 生存確認し合う相手をつくる

「縁起でもない」と思うかもしれないが、おひとりさまにとって「孤独死」は最も避けたいラスト。SNSやメールなどで「おはよう」「おやすみ」程度のあいさつを交わすだけでも生存確認はできる。家族、親戚、友人などとゆるやかにかかわっていこう。

☐ 終末期医療の方針を決めておく

もし自分が助からない病気やケガをしたときに、どの程度の治療を受けたいのかを考えておこう。気持ちは変化するものだからいつでも書き直せばいいし、必ずしも「積極的な治療は受けない」という結論でなくてもいい。自分の最期は自分で決めていいのだ。

☐ 臓器提供や献体について考えておく

臓器移植や献体を希望しても、死後に家族の承諾が得られなければ実施できない。もし希望するのであれば、事前に家族にも思いを伝えておく必要がある。臓器提供には「心臓が停止した死後」と、「脳死（心臓は動いている）」があり、いずれかも希望できる。

健康情報

いざというときに備えて、医療的な情報の整理も必要です。右ページは切り取り式になっているので、室内にかけておいたり、持ち歩いたりして「いざ」というときに備えましょう。

救急車を呼ぶのは自分です！

「突然心臓が苦しくなった」「高熱が下がらない」「転倒して動けなくなった」……そんなときにはどうしますか？　迷わず救急車を呼びましょう。とはいえ、苦しい状況の中で自分の家を説明できますか？　救急隊が到着したとき、

健康保険証の準備やアレルギーの有無の説明ができるでしょうか。「あそこを見てください」と言えるよう、医療情報を目立つ場所に置いておくと安心です。救急隊や搬送先の病院での処置もスムーズになります。

やっておこう！

右ページを切り取り 表裏記入

表面には自分自身の医療情報や健康状態を記入。裏面には、救急車を呼ぶときにあわてないよう住所や目印などを書いておくといい。

クリアファイルにはさんで目立つ場所へ

裏表を記入したら、クリアファイルなどにはさみ、ひもをつけて目立つ場所にぶら下げておこう。人目にふれやすい玄関などではなく、冷蔵庫の扉などがおすすめ。

救急隊の人などに「あそこを見て」と指示できるようなわかりやすい場所にセット。

表面をコピーする

封筒などに入れて持ち歩く

外出先で倒れてしまった場合、あなたがどこの誰なのかすぐにはわからないもの。表面をコピーして持ち歩くことで、自分の医療情報や緊急連絡先が伝わりやすくなる。

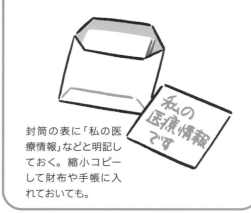

私の医療情報です

封筒の表に「私の医療情報」などと明記しておく。縮小コピーして財布や手帳に入れておいても。

★緊急連絡先は、すぐに駆けつけられる距離に住む人を。

わたしの健康　健康情報

私の健康・医療情報

記入日　　　　年　　　月　　　日

名前　フリガナ	生年月日			男 女
		年　　月　　　日		

血液型	型　RH	身長	cm	体重	kg

かかりつけ 病院	病院名	担当医	電話番号
	病院名	担当医	電話番号

健康保険証／ 後期高齢者 医療被保険者証	種類 保険者番号	記号 番号

持病や既往症	
常備薬	（お薬手帳の保管場所　　　　　　　　　　　　）
アレルギー	
延命治療	☐ 希望する　☐ 希望しない　（具体的に　　　　　　　　　）

緊急連絡先

名前	続柄・間柄
連絡先①	連絡先②

名前	続柄・間柄
連絡先①	連絡先②

名前	続柄・間柄
連絡先①	連絡先②

救急隊や医療者に伝えたいこと

いざというときにここを見よう！

救急車・消防　119

救急車を呼ぶべきか迷ったら電話で相談を「#7119」　地域ごとに異なるので、地元の救急電話相談番号を調べておこう

警察  110

私の住所

〒		
	都道 府県	市区 町村
家の目印など		
自宅の電話番号		
携帯電話番号		

そのほかに必要な電話番号など

	施設	担当者・連絡先
ケアマネジャー		
訪問看護ステーション		
在宅医		

キリトリ線

入院・治療

突然入院することになってもあわてないよう、心とグッズの準備をしておきましょう。
大きな病気などで医師に説明を受けるときには、信頼できる人に同席してもらうと安心です。

「旅行・入院・避難」兼用セットを準備！

　救急搬送されたときなど、入院用の着替えや化粧品類を誰かに
持ってきてもらわなくてはいけません。タンスを開けて衣類を探して
もらうのはお互いつらいもの。入院時に必要なもの（2泊3日程度）
は、旅行バッグにセットしておきましょう。これは旅行や出張のとき
はもちろん、災害が起きたときの緊急避難バッグにもなります。玄
関の近くなど、すぐわかる場所に置いておきましょう。

医師に確認すること

- □ 病名と症状。今後どのような経過をたどるか（命にかかわるか、など）
- □ 検査や治療についての詳細
  - ● 目的と効果（何のためにどこを調べ治療するか。どんな効果が期待できるか）
  - ● 必要性（検査や治療を受けないとどうなるのか）
  - ● 方法（どんな検査や治療を受けるのか。そのほかにも選択肢はあるか）
  - ● リスク（危険性やその頻度。リスクがあっても受けるメリットは）
  - ● そのほか注意点など
- □ 退院までのだいたいのスケジュール
- □ 退院後はひとり暮らしに戻れるのか

病院で確認すること

- □ 費用はどのくらいかかるのか
- □ 個室か相部屋かで差額はどのくらいになるか
- □ 医療ソーシャルワーカーなど、相談窓口の有無
- □ 保証人、保証金は必要か

記入日　　　　　年　　　月　　　日

入院・手術の保証人 □ 依頼済み □ 依頼なし	名前	続柄・間柄
	連絡先	

命に危険が迫ったとき、医療の希望が伝えられる人はわずか3割といわれます。厚生労働省は「元気なうちに希望を伝え合おう」と「人生会議」を提唱していますが、あなたはどうする?

セルフ「人生会議」していこう

Q 余命を知りたい?

がんなどの重篤な病気でも、今は本人に告知されるのが普通だ。混乱して説明が頭に残らない可能性もあるので、家族や信頼できる友人に同席してもらいたい。治らない病気でも「余命は知りたくない」と言えば、医師も本人には言わないでいてくれる。

Q 延命治療をしたい?

延命治療とは、根治が見込めないのに延命を目的とした処置をすること。呼吸できなくなったときに人工呼吸器をつける、口から食べられなくなったときに胃ろうや点滴で栄養補給する、心肺停止になったときに心臓マッサージなどで心肺蘇生することなどが代表的。

Q 臓器提供をしたい?

臓器移植を待つ人のために臓器提供を行う意思表示をしておくと、自分の死後、家族の同意を得て臓器が提供される。健康保険証や運転免許証などにも意思を書く欄があるので、そこに記入してもいい。意思表明していても家族の同意が得られないと提供できない。

Q 献体をしたい?

医学や歯学の研究のために、無条件・無報酬で遺体を提供すること。事前に献体登録する必要があるので、日本篤志献体協会(献体の会)または自分の住む都道府県の医科および歯科の大学へ申し込む。遺体は1〜2年後に火葬されて戻る。葬儀後の献体も可能。

Q このような話を誰かに伝えていますか?

「延命治療をしたくない」「臓器提供をしたい」と考えていても、実行されないケースもある。突然の事故や病気で倒れた場合は特に、エンディングノートに記入していることに周囲の人が気づくのが難しいからだ。葬儀がすんで遺品の整理をしたときにようやく気づいても遅い。元気なうちに口頭でも伝えておきたい。

 ★臓器提供や献体は、家族の中のひとりでも反対があると実施できません。

延命治療

■あなたの延命治療に関する考えを書きましょう。

■以下の延命治療のうち、受けたいものに✔しましょう。

☐ 心臓マッサージ　　　　　　　　　　☐ 人工呼吸器の装着
☐ 経鼻チューブ・胃ろうからの栄養補給　☐ 点滴による栄養や水分補給
☐ その他（　　　　　　　　　　　　　　　　　　　　　　　　　　）
☐ 延命治療は希望しない

理由

臓器提供

記入日　　年　　月　　日

■自分の死後、希望するものに✔しましょう。

☐ 脳死状態での臓器提供を希望する
　　☐ 心臓　☐ 肺　☐ 肝臓　☐ 腎臓　☐ 膵臓　☐ 小腸　☐ 眼球
☐ 心臓死での臓器提供を希望する
　　☐ 心臓　☐ 肺　☐ 肝臓　☐ 腎臓　☐ 膵臓　☐ 小腸　☐ 眼球
☐ 臓器提供を希望しない

理由

献体

記入日　　年　　月　　日

☐ 献体を希望する
　（登録団体　　　　　　　　　　　　連絡先　　　　　　　　　　　）
☐ 献体を希望しない

理由

★家族には難しい選択だからこそ、「なぜ希望するのか」の理由を書いておきましょう。　47

わたしの健康　終末期医療

介護

「介護が必要になったら誰を頼るのか」はおひとりさまの大きな不安要素ですが、もはや家族介護の時代ではありません。介護保険を賢く利用し、自分らしい生活を保ちたいものです。

介護サービスを受けるには?

　65歳以上になり、「ケガをして歩けなくなった」「病気で身の回りのことができない」「在宅医療を受けたい」というときには、迷わず介護保険を申請しましょう。40歳以上64歳以下でも、条件によっては介護保険のサービスを受けられます。

　介護保険はすべて申請制ですから、申し込みが必要です。まずは市区町村の福祉課などで相談を。入院している場合には、病院の医療ソーシャルワーカーに相談するといいでしょう。

　介護保険の認定が下りると、要介護や要支援の段階に合わせてサービスが利用できます。自己負担は1〜3割。収入によって異なります。

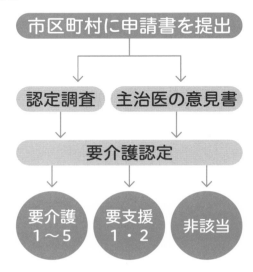

市区町村に申請書を提出

認定調査　主治医の意見書

要介護認定

要介護 1〜5　要支援 1・2　非該当

要介護になったら

記入日　　　年　　　月　　　日

☐ 介護サービスや在宅医療を利用して最期まで自宅で過ごしたい
☐ 介護サービスを利用しつつ、最期は入院したい
☐ 在宅で介護を受けつつ、ひとり暮らしの限界がきたら施設に入居したい
☐ 早めに施設に入居したい
☐ その他（　　　　　　　　　　　　　　　　　　　　　　　　　　　　　）

介護の費用

記入日　　　年　　　月　　　日

☐ 介護のための預貯金がある（金融機関名など　　　　　　　　　　　　　　）
☐ 介護のための保険に加入している（p.18参照）
☐ 預貯金や年金を使うつもりだ
☐ 特に用意していない

★高齢のひとり暮らしに不安があったら最寄りの地域包括支援センターで相談を。

高齢者施設の種類

　高齢になると、自宅でのひとり暮らしに不安を感じるかもしれません。「いつかは施設に入居するのかな」と漠然と考えているおひとりさまは少なくないはず。ただ、在宅介護に比べると

一般的に施設介護は費用がかかります。今のうちにどんな施設があるかを調べ、希望する施設に入れるように費用の準備を始めたいものです。

元気なうちに入居	健康型有料老人ホーム（居住型）	民間企業が運営するため費用は千差万別。入居時に数百万円から数千万円、プラス月々の食費や介護費などがかかることが多い。入居条件も事前に確認を。
	サービス付き高齢者向け住宅（サ高住）	安否確認や生活相談もしてくれる高齢者専用の賃貸住宅。入居一時金は敷金程度だが家賃は高め。「特定施設」の指定があれば介護サービスも受けられる。
	シルバーハウジング	高齢者専用の公的な賃貸住宅。家賃は収入に応じて異なる。ライフサポートアドバイザーによる安否確認や緊急時対応があり、生活相談にも乗ってもらえる。
	ケアハウス（軽費老人ホーム）	自宅での生活が難しくなった高齢者向けの、公的な老人ホーム。老人福祉法に基づいて作られ、低料金で洗濯や食事のサポートも受けられる。
要介護になって入居	特別養護老人ホーム（特養）	正式名は「介護老人福祉施設」。生活介護が中心の施設。介護保険による施設なので入居費は手ごろで、介護度によって異なるが個室でも月々12万〜14万円程度。要介護3以上でないと入居できない。
	介護老人保健施設（老健）	介護保険施設のひとつ。主に介護やリハビリが中心で医師や看護師が常駐。要介護1以上。入居期間は原則3カ月と定められているが、実際には長期入所者も多い。
	グループホーム	正式名は「認知症対応型共同生活介護」。認知症高齢者を対象にした小規模の介護施設。自宅への復帰を目指しており、介護保険の地域密着型サービスなので入居者が住む地域でしか入居できない。
	介護付き有料老人ホーム	有料老人ホームの中で「特定施設（特定施設入居者生活介護）」の指定を受けている施設であれば、介護保険のサービスを24時間態勢で受けることができる。
	介護医療院	医療が必要な、要介護高齢者の長期療養向けの介護保険施設。「介護療養型医療施設」は2024年までに介護医療院に移行する予定。

施設入居の希望

記入日　　　　年　　　月　　　日

■希望する施設があれば具体的に記入しておきましょう。

施設名	連絡先
所在地	

施設名	連絡先
所在地	

★介護保険以外にも、自治体などの高齢者向けのサービスはいろいろあります。

認知症

自分で判断できるうちはいいけれど、認知症になってしまったらどうしよう……そんな不安は、おひとりさまならなお強いかもしれません。自分で判断ができなくなったらどうする?

元気なうちに「もしも」に備えて準備を

65歳以上の認知症の人は6人に1人。年齢が上がるほど認知症になるリスクは高まりますが、ある日突然始まるわけではありません。「なんだかおかしい」と周囲が気づき、本人にも自覚が生まれ、徐々に進んでいくことが多いもの。ひとり暮らしの場合、気づかれないうちに深刻化することもありますから、**何歳になっても人と会い、話すことを続けましょう**。人とのかかわりは、認知症の発見だけでなく、予防にもよいとされています。

そのうえで、認知症になるかもしれないという前提の準備を進めたいものです。特に意識したいのは財産管理。**認知症になって判断能力が衰えた場合、預金の引き出しや送金が制限され**てしまいます。「じゃあ生活費はどうすればいいの?」と思いますよね。そのときのために成年後見制度が作られました。本人が元気なうちに後見人を定め(任意後見)、その人に財産管理を託すというもの。ほかにもいくつか対策がありますから準備したいところです。

知っておきたい対策法

日常生活自立支援事業	地域の社会福祉協議会に申し込んで契約を交わし、生活支援員のサポートを受ける制度。福祉サービスの利用手続きや生活費の管理、重要書類の保管などをしてくれる。利用料は1時間1000円程度。
任意後見契約	本人に判断力がある段階で後見人を自分で選び、財産管理や療養看護についての代理権を与える契約を交わしておく。判断能力が衰えたら家庭裁判所に申し立て、後見人を監督する任意後見監督人が選ばれて契約がスタート。死後事務委任契約(p.57参照)とセットで契約しておけば安心。
財産管理等委任契約	判断能力はあるが、体が衰えて外出がままならない場合などに、自分の財産の管理や生活上の事務を依頼する契約。本人の判断能力が衰えたあとは任意後見契約に移行。
家族信託	本人に判断能力がある段階で、資産の一部や全部の管理を家族に委ねること。契約を結べば、家族が財産や不動産の管理や運用、処分ができる。ただし家族(子ども、甥、姪など)あるいは信頼のおける第三者がいる人しか使えない。

★判断能力がなくなってしまうと契約を結べないので、早めに動きましょう。

認知症で**お金の管理**ができなくなったら

記入日　　　　年　　　　月　　　　日

- ☐ 家族に任せたい　（☐ 親　☐ 兄弟姉妹　☐ 子ども　☐ その他 ）
  - （名前　　　　　　　　　　　　　　　　　　　　　　　　　　　　　　）

- ☐ 親戚に任せたい　（名前　　　　　　　　　　　　　　　　　　　　　　）

- ☐ 血縁以外の人に依頼している
  - ☐ 任意後見人　☐ 日常生活支援事業　☐ 代理人（任意代理人契約）　☐ その他（　　　　　）

名前	続柄・関係
連絡先	公正証書番号

- ☐ 家族信託やおひとりさまのための信託などを契約している

受託者	連絡先
公正証書番号	

判断できなくなったときに**意見を尊重してほしい人**

名前	続柄・間柄
連絡先	

名前	続柄・間柄
連絡先	

記入日　　　　年　　　　月　　　　日

要介護や認知症になったときの**私の考え**

記入日　　　　年　　　　月　　　　日

■介護保険を使ってできるだけ自宅で過ごしたい、など。

★認知症の人の口座でも、本人の医療費などの場合には家族が引き出せることも。

ペット

ペットと暮らしている人は、自分が入院したり要介護になったりしたときに誰に世話を頼むか考えておきましょう。あわせて、自分の死後どうするかも決めておきたいものです。

残されるペットのためにできること

家族同然に暮らしてきたペットには、自分の死後もハッピーでいてほしいものです。**誰に託すかを決めておけば**、急な入院時にも対応してもらえるでしょう。

ペットを託す相手が、素性や生活スタイルがよくわかっている親戚や友人であれば安心です。頼むことができそうな人がいたら、早めに依頼しておきたいものです。とはいえ、ペットにかける年間費用は、犬が約34万円、猫が約16万円（アニコム損害保険「ペットにかける年間支出調査2020」）となっています。依頼する場合、口約束だけでなく、相手の負担が少しでも軽くなるように以下のような方法で遺言を残したり、契約を結んだりすることをおすすめします。身近な人に託すことができない場合には、かかりつけの動物病院やペットの里親紹介所などで相談し、引き受けてもらえそうな人を探しておきましょう。

負担付遺贈（遺言）	死後にペットを引き取ってくれる人に対し、エサ代、動物病院での治療費などの費用を遺贈する（遺言によって財産を無償で譲る）こと。金額や条件などを遺言書に明記することが必須。
負担付死因贈与（契約）	死後にペットを引き取ってくれる人に対し、遺産の一部を渡すことを生前に契約しておくこと。贈与者の生前に行われるため遺言よりも確実性が高いとされている。

ペットと同じお墓に入りたいときには

霊園の中にペットを合葬しているお墓はあっても、人間の墓にペットが埋葬されることはほとんどありません。といっても法律で禁止されているわけではなく、最近は少しずつペットと一緒に入れる永代供養墓も作られています。まずは調べてみて、一緒の墓に入ることが可能であれば予約しておくといいでしょう。もしも自分が先に他界したときには、ペットの死後に埋葬してもらう契約も結んでおきましょう。

★ペットと入れるのは永代供養墓が多いようです。お墓についてはp.60を参照。

私のペットについて

記入日　　　　年　　　月　　　日

名前		種類・年齢		オス
				メス
血液型　　　　　　型		避妊・去勢		
登録番号		血統書		
持病や既往症				
食べ物の注意点				
環境の注意点				
備考				

かかりつけ動物病院

記入日　　　　年　　　月　　　日

病院名	電話番号
住所	
備考	

わたしの健康　ペット

加入しているペット保険

記入日　　　　年　　　月　　　日

保険会社名	連絡先
補償内容	
備考	

里親として依頼している人・業者

記入日　　　　年　　　月　　　日

名前		連絡先	
住所			
依頼の方法	☐ 負担付遺贈　☐ 負担付死因贈与　☐ 口頭やメールの約束		
	☐ その他（　　　　　　　　　　　　　　　　）		
取り決め内容			

★ペットが複数いる場合にはこのページをコピーして記入を。

高額の医療費がかかったときの
サポート制度を知っておこう

突然の病気やケガ。入院や手術ともなると高額な医療費がかかります。また医療費だけでなく、働けなくなって収入が減ったり、全くなくなってしまうこともあるでしょう。

絶対に知っておきたい
高額療養費制度

しかし、その負担を軽くしてくれる制度があるのです。最重要な制度は、**高額療養費制度**。これは1カ月に支払う医療費が一定額（限度額）を超えた場合、申請すれば差額が戻ってくる制度。年齢や収入で限度額が変わりますが、70歳未満で一般的な年収（約370万〜770万円）の人であれば、入院や手術で30万円以上支払っても、実質は約9万円の支払いですみます。申請してから返金までは3カ月程度かかりますが、**限度額適用認定証**を事前にもらっておけば、病院の窓口の段階で限度額までしか払わずにすむので助かります。

そのほかにも以下のような制度があります。といっても自分にはどんな制度を使えるのかはわかりにくいもの。そんなときには専門家を頼りましょう。多くの病院には患者の相談窓口があり、医療ソーシャルワーカーがいるはず。相談は無料ですし、退院後の生活や介護の相談にも乗ってくれます。

医療費をサポートしてくれる公的制度

高額療養費制度	病院や薬局などで支払った金額が一定額を超えた場合に差額が戻る。世帯合算や多数回該当、介護保険との合算制度などもある。
付加給付（附加給付）	組合健保や共済組合に加入している人が使える制度。高額療養費制度にプラスして医療費が戻る。
医療費控除	その年の1月1日から12月31日までの間に支払った医療費が一定額を超える場合、確定申告することで税金の一部が戻ってくる。
傷病手当金	会社員や公務員が病気やケガで働けなくなった場合に給料の3分の2が最長1年6カ月間支給される制度。
生活福祉資金貸付制度	低所得者向けに社会福祉協議会が行っている貸付制度。休業あるいは失業した人などに対して少額の費用の貸付を行う。

わたしの死後

Part 4

死なない人なんていないから
自分の最期についてもゆるりと考えていきましょう。
残された人の雑事を少しでも減らせるように……
そんな視点で小さな決断を重ねたいものです。

意外に多い死後のお仕事

「死んだら終わり」ではない！さまざまな後始末が必要

誰にも迷惑をかけずに生きてきた人でも、死後は誰かに多少の迷惑をかけることになります。この世に残した自分の体や戸籍やお金を、自分の手で片づけることはできませんから。身近な人を亡くした経験がある人は実感していると思いますが、**亡くなったあとにすべきことは思った以上に多いもの**。病院で亡くなった場合、安置してもらえる時間は長くありません。すぐに葬儀社を決めて遺体を運び、葬儀の手続きに進まなくてはいけません。その先にも、右にある通りさまざまな手続きが必要になります。しかも手続きに期限があるものも少なくありません。

自分の死後のことを考えるのは、つらくて気乗りがしないものです。それでも**頼れる人を選び出し、依頼しておかなくてはいけません**。そしてその人の手間を少しでも減らすのが、このエンディングノートの目的のひとつなのです。

死後のお仕事はこんなに！

- ☐ 死亡届の提出
- ☐ 葬儀、埋葬の手続き
- ☐ 年金の支給停止
- ☐ 健康保険、介護保険資格喪失届
- ☐ 病院や施設の支払い、退去手続き
- ☐ 預貯金などの資産や遺品の整理
- ☐ 家賃や公共料金の支払い
- ☐ 住民税、所得税、固定資産税の手続き
- ☐ ペットの引き渡し
- ☐ パソコンやスマホのデータ消去
- ☐ アカウントの消去
- ☐ 親戚や友人への連絡

死後事務委任契約を知っていますか？

　自分が死んだあとの手続きを、第三者に委託する契約を結ぶことを**「死後事務委任契約」**といいます。左ページにある死後の事務手続きを依頼するだけでなく、生前から**財産管理等委任契約**(p.50)を結び、身元保証や見守りなどまでしてもらうケースもあります。おひとりさまが増えた昨今、サービスを行う業者が急増しています。生前と死後の両方で委任契約を結ぶ場合、依頼の内容にもよりますが費用の目安は100万円程度から。契約時点で数十万円の預託金が必要になります。

　注意したいのは、業者が玉石混交だということ。預託金を流用していた大手事業者が破綻した例もあります。預託金の管理方法や解約時の返金の扱い、サービス内容と料金のバランスなどを確認して、信頼できるか見極めたいものです。

死後事務委任契約の流れ

受任者を選ぶ
▼
契約する（できるだけ専門家に相談）
▼
公正証書の作成
▼
任意代理契約などを実行
▼
臨終
▼
死後事務委任契約を実行
▼
契約終了

死後の事務について
依頼している相手を書きましょう。

記入日　　　　年　　　　月　　　　日

契約書	☐ 作成している　　☐ 作成していない		
作成日	年　　　月　　　日	保管場所	
受任者	名前	職業	
	住所		
	連絡先		
備考			

葬儀

「自分が死んだあとのことはどうでもいい」と思っている人もいるかもしれませんが、
残された人の手間や迷いを少しでも軽くするためには、希望を書いておくことが大切です。

葬儀の金額と希望を整理しておこう

葬儀にかかる金額は、どんな葬儀をするか、どのくらいの人数が集まるかによっても変わります。葬儀そのものの金額は以下が目安ではありますが、地域によって違いは大きいもの。このほかに僧侶などへのお礼、飲食代や返礼品などがかかります。参列者が多いほど返礼品などにかかる費用が増えますが、お香典が増えることも事実です。

直葬　目安 44万円
火葬のみを行う

通夜や葬儀などは行わず、遺体安置施設などに一時的に遺体を預け（死後24時間以内は火葬ができない）、そののちに火葬する。葬儀社や火葬場への支払いが必要。

一日葬　目安 85万円
通夜はせず葬儀と告別式のみ

葬儀と告別式、火葬を1日で終わらせるのが一日葬。通夜をしないため会場を借りる費用も1日分ですみ、通夜の会食費も抑えられるが、来られる人が限定される。

家族葬　目安 100万円
家族や親しい人だけの式

通夜も葬儀も通常通り行うが、参列者を親族や親しい友人に限定して行う。人数が少ないため式場も小さく、飲食費も少なくてすむので費用は削減できる。

一般葬　目安 150万円
通夜と葬儀を多くの人に

集まる人を限定せずに通夜と葬儀を行う。どれだけ集まるかわからないので広い会場を用意し、通夜ぶるまいも多めに用意するので費用は予想より高くなることも。

※金額参考「第4回お葬式に関する全国調査」鎌倉新書

生前にプランの相談をすることも可能

生前予約を行う葬儀社も増えています。事前に葬儀の形式や規模、祭壇や棺などを決めておき、遺影も渡しておくことができます。**生前予約していることは、死後の事務をお願いしている人に必ず伝えて。**知らないと別の葬儀社を手配してしまい、混乱のもとに。

★実際に葬儀を行った人には、公的医療保険から埋葬費（葬祭費）が5万円程度支払われます。

わたしの死後　葬儀

葬儀の有無

記入日　　　年　　　月　　　日

- [ ] してほしい
- [ ] してほしいが、あまりお金をかけなくてよい
- [ ] しなくてよいが、残された人たちの判断に委ねる
- [ ] してほしくない
- [ ] その他（　　　　　　　　　　　　　　　　　）

葬儀の形式

記入日　　　年　　　月　　　日

- [ ] 一般葬　[ ] 家族葬　[ ] 一日葬　[ ] 直葬
- [ ] その他（　　　　　　　　　　　　　　　　　）

宗派

記入日　　　年　　　月　　　日

- [ ] 仏教（宗派　　　　　　　）[ ] キリスト教（宗派　　　　　　　）
- [ ] 神道　[ ] その他（　　　　　　　　　）[ ] 無宗教

■菩提寺などがある場合には記入

名称	連絡先
所在地	

葬儀社

記入日　　　年　　　月　　　日

- [ ] 生前予約している
- [ ] 予約していないが依頼したい業者がある
- [ ] 互助会に入っている
- [ ] 特になし

名称	連絡先
契約書の保管先など	

■葬儀に関して希望があれば記入しましょう。

記入日　　　年　　　月　　　日

喪主になってほしい人
準備をお願いしたい人
挨拶をお願いしたい人
葬儀に呼ばないでほしい人
棺に入れてほしいもの
遺影に使ってほしい写真
その他の希望 ●供物や香典の有無 ●花や音楽の希望など

 ★近年、核家族化や経済的理由から直葬や家族葬が急増しています。

お墓・埋葬

家族のお墓（継承墓）がある人は、自分の死後、誰が引き継ぐのかを考える必要があります。
お墓がない場合には埋葬方法を選んでおきましょう。

お墓を継いでくれる人はいますか？

　日本人のお墓は先祖代々受け継いでいく継承墓が一般的でした。しかし少子化が進んだこと、故郷に戻らない子どもが増えたことなどから「墓を守る人」のいないお墓も増えてきました。一方で、ほかの人の遺骨と一緒に合祀される永代供養を選ぶ人も増えています。最初から合祀されるのではなく、「三十三回忌まで」「五十回忌まで」など決まった期間は個別に供養され、そののち合祀されるものも多いようです。

永代供養のお墓いろいろ

個人墓

個人、または夫婦や家族単位で納骨され、一定期間が過ぎると合祀される墓。継承者を必要としないので、ミニサイズのお墓が多い。

納骨堂

施設の中に遺骨を納めるタイプ。以前からのロッカー形式だけでなく、お墓型や仏壇型など多様なスタイルがある。都市部に増加中。

樹木葬

墓石の代わりに樹木のまわりに遺骨を納める。シンボルツリーの周辺に何人もの遺骨を合祀する形式と、ひとり1本の木の下に埋葬する形式が。

散骨って可能なの？

散骨とは、火葬したあとに遺骨を細かく砕いて海や山などにまくこと。法的には問題ないとされているが、その土地の持ち主が「勝手に散骨した」と訴えるトラブルも。散骨を希望するなら専門業者に依頼するのが無難。

故郷の「墓じまい」をするなら

墓じまいする場合、遺骨の行き先を決める必要がある。新たに墓を建てるか合祀するかを決めて改葬し、墓石を取り除いて更地にする。これらの費用にプラス、寺院への離檀料もかかる。

★墓じまいする場合、役所への届け出も必要。まずは役所で相談しましょう。

お墓の希望

入るお墓が決まっている

- ☐ 先祖代々のお墓に入れてほしい
- ☐ すでに購入済みの墓に入れてほしい
- ☐ その他（　　　　　　　　　　　　　　　　　）

お墓は決まっていない

- ☐ 個人墓を購入してほしい
- ☐ 納骨堂に納めてほしい
- ☐ 樹木葬を希望する
- ☐ 散骨してほしい
- ☐ その他（　　　　　　　　　　　　　　　　　）

■ お墓がある人、希望している霊園や納骨堂がある人は以下に記入しましょう。

名称	連絡先
所在地	
墓地使用権者	管理料
支払い方法など	

■ 散骨、樹木葬をしてほしい場所があれば、具体的な希望を書きましょう。

■ お墓や供養で、してほしいこと、してほしくないことを書きましょう。

 ★墓じまいで高額な離檀料を請求されることもあるので注意が必要です。

わたしの死後　お墓・埋葬

相続

人が亡くなると、その人が持っていた財産や権利などを誰かが引き継ぐことになります。
それが相続。自分の大切な財産の行き先を、いま一度確認しておきましょう。

おひとりさまこそ確認すべき「私の相続人」

　自分の死後、財産は誰のもとに行くのか知っていますか？　亡くなった人の財産の相続人は民法で定められています。これを**法定相続人**と言います。配偶者は常に相続人になりますが、おひとりさまにはいませんよね。そうなると第1順位は子どもです。子どもがいない人は第2順位である親に相続権が移ります。親がすでに亡くなっている場合は、第3順位の兄弟姉妹に移ります。彼らも亡くなっている場合は、その子ども（甥や姪）があなたの財産を受け継ぐことになるのです。

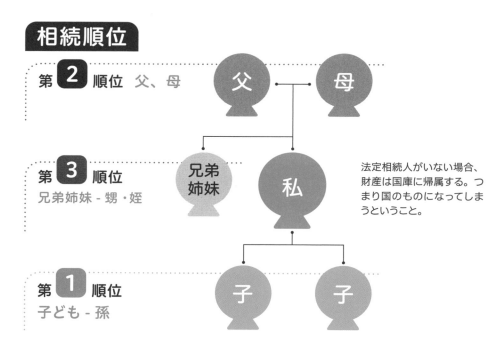

相続順位

第 **2** 順位　父、母

第 **3** 順位
兄弟姉妹 - 甥・姪

第 **1** 順位
子ども - 孫

法定相続人がいない場合、財産は国庫に帰属する。つまり国のものになってしまうということ。

法定相続人以外に財産を譲りたいときには

「ほとんど接点のなかったきょうだいよりも、お世話になった友人に財産を譲りたい」「自分の財産を寄付したい団体がある」などの場合、**法的に有効な遺言書を作っておく必要**があります。遺産相続では法定相続よりも遺言による相続が優先されるのです。ただし、どのような文言で書き残したらいいかは専門性が必要なこともありますので、弁護士などの専門家に相談し、遺言の執行人までお願いすると安心です。

★離婚した場合、元配偶者は相続人には該当しませんが、子には相続権があります。

私の親族表

■ 以下に名前を記入しましょう。

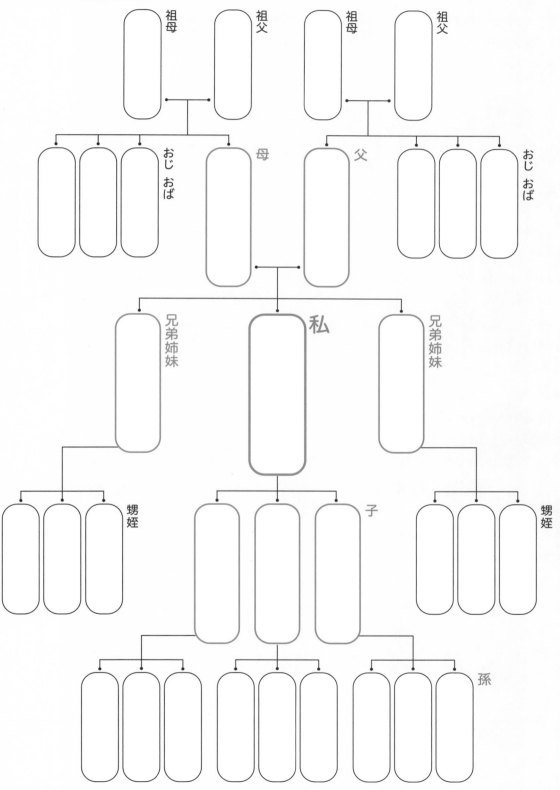

★欄が足りない場合にはあいているスペースを利用して書き込みましょう。

遺言

「大した財産なんてないから遺言書なんていらないよ」というのは大きなまちがいです。
特におひとりさまの場合には、遺言書は必須と思ってください。

遺言書を作る意味って？

　遺言を残したほうがいい人はどんな人かご存じですか？　**①子がいない人**、**②再婚していて元配偶者との間に子どもがいる人**、**③入籍していないパートナーに財産を譲りたい人**、**④法定相続人がいない人**、**⑤法定相続人以外に譲りたい人**、**⑤寄付したい人**など。
おひとりさまには、当てはまることも多いかもしれません。「立つ鳥跡を濁さず」と言いますが、残された人が不快になることを避けるためにも遺言書を残しましょう。

　おひとりさまの場合、**公正証書遺言を残すことがおすすめ**です。公証役場で保管してもらえるので、死後に発見されないなどのトラブルを防ぐことができるはずです。

 ここをチェック 自筆証書遺言と公正証書遺言の2種類がある

自筆証書遺言		公正証書遺言
本人	書く人	公証人
特に決まりはない	書く場所	公証役場
自筆のみ。パソコン作成は不可（財産目録のみ可能）	書き方のルール	遺言者が公証人に内容を口述し、作成してもらう
印鑑	印鑑など	実印、印鑑証明
手軽に書け、修正しやすい。内容を秘密にできる	メリット	紛失や盗難の心配がない
死後に発見されないなど、トラブルが起きやすい。不備があると無効に。家庭裁判所での検認が必要なことも	デメリット	手数料がかかる。立ち会ってもらう証人が必要。遺言の内容を公証人と証人に知られてしまう

  ★2020年7月から自筆証書遺言を法務局で保管できるようになりました。

わたしの死後

遺言

遺言書について

遺言書の有無	☐ 作成している 　☐ 作成していない		
種類	☐ 自筆証書遺言 　☐ 公正証書遺言		
作成日	年 　　月 　　日		
保管場所			
遺言執行者	名前		職業
	住所		
	連絡先		
備考			

相続に関する希望

注意! ここに記入しても法的な効力はありません。あくまでメッセージとして書いておきましょう。

相続で困ったときに頼れる専門家

弁護士	「争族」などトラブル解決に強い。できるだけ相続に詳しい人に依頼を。遺言書の執行者として依頼するのもおすすめ。費用は割高。
司法書士	不動産の登記手続きを任せられる。権限は限定的なので、トラブルが発生する可能性があるなら弁護士に依頼を。
行政書士	遺言書の作成支援や戸籍調査、公的な必要書類の収集をお願いできるが、相続税がかからない相続手続きの代行のみ。
税理士	相続税の申告をはじめ、一連の相続手続きから節税対策も相談できる。相続税がかかるのであれば依頼する。
不動産鑑定士	不動産が主な相続財産の場合に適正な評価をしてもらえるが、有資格者が少ない。
信託銀行	遺言信託を依頼できる。遺言書の相談から遺言書の保管・管理、遺言の執行、相続税の申告、死後の届け出や遺品の整理などのサービスも。費用は高く、最低でも100万円。
FP（ファイナンシャルプランナー）	生前の財産管理をトータルに相談できる。必要に応じて弁護士や税理士などの専門家に橋渡ししてもらえる。

 ★相続問題が複雑なら、さまざまな分野の専門家がいる団体に相談を。

わたしの死後 遺言

自筆証書遺言の書き方（見本）

★すべて自筆で書きましょう

遺言書

遺言者　山野友子は次のように遺言する。

1

1　妹　川田裕子（昭和〇年〇月〇日生まれ）には次の財産を相続させる
　（1）一棟の建物の表示
　　　　所在地：東京都渋谷区△△１１１番地　**2**
　　　　建物の名称：渋谷タワーマンション
　（2）専有部分の建物表示
　　　　家屋番号　111-1202
　　　　種類　居宅
　　　　建物の構造　鉄筋コンクリート造陸屋根20階建
　　　　建物番号　１２０２号
　　　　床面積　55.35平方メートル
　（3）建物内の家具や什器など一切

2　甥　川田太郎（平成△年△月△日生まれ）には次の財産を相続させる
　（1）ジャパン銀行渋谷支店　定期預金　口座番号×××××　**3**
　（2）シブヤ株式会社の株式全部

3　姪　川田愛子（平成×年×月×日生まれ）には愛犬ポチを引き取って
　　もらうことを条件に、次の財産と現金100万円を相続させる　**4**
　（1）シブヤ銀行渋谷支店　定期預金　口座番号〇〇〇〇〇

4　この遺言の遺言執行者として次の者を指定する　**5**
　　東京都新宿区〇〇１丁目12番地
　　遺言者の友人　鈴木花子（昭和◎年◎月◎日生まれ）

　　　　　　　　　　　20××年1月31日　**6**
　　　　　　　　　　　東京都渋谷区△△１１１番地
　　　　　　　　　　　遺言者　山野友子　印　**7**

 ★法定相続人以外の人には「相続させる」ではなく「遺贈する」と記入。

Point

1. 相続人や受遺者（遺贈の相手）はフルネームで表記し、続柄や間柄、生年月日を記入しておくと確実。

2. 不動産について記入する場合には、登記事項証明書の記載通りに書くこと。住所や家屋番号を明記しておき、登記事項証明書のコピーを財産目録として添付してもよい。

3. 預貯金や有価証券などを記入する場合は、銀行名や証券会社名、支店名、口座の種類、口座番号を明記しておくこと。

4. ペットの負担付遺贈をしたい場合には、ペットの名前や負担金などを明記しておくこと。

5. 遺言執行者の名前を記載する。執行者の指名は、遺言書のみでできる。

6. 作成年月日がないと法的に無効になるので必ず明記。和暦でも西暦でも問題ない。

7. 署名と押印がなければ無効なので、印鑑は必ず押すこと。できれば実印がよい。

自筆証書遺言書の注意点

☐ 筆記用具

筆記用具に決まりはないが、鉛筆や消せるボールペンは改ざんされる恐れがあるので使わないこと。はっきりと読める丁寧な文字で書きたい。

☐ 用紙

用紙には決まりがないので、極端な話、チラシの裏側でも法的には有効だ。とはいえ長期保存に耐え、文字が正確に判断できる紙に書きたい。A4サイズなどが妥当。

☐ 保管場所

弁護士や税理士、信頼できる友人など、利害関係のない第三者に保管してもらおう。誰に託したか、どこの公証役場で作成したかなどは家族や友人に必ず伝えておくこと。

☐ 訂正・変更したい場合

加除訂正したい部分に押印し、余白には訂正したことを記入して署名する。印鑑は⑦のものを使用する。遺言すべてを撤回したい場合には破棄する。公証役場に預けている場合には破棄の手続きが必要。

☐ 封筒に入れる

書き上げたら封筒に入れて、遺言書在中と上書きしておく。裏に作成年月日を記入し、署名して押印。封印されている遺言書は、開封時に家庭裁判所で検認の手続きを行う。

わたしの死後

遺言

 ★遺言書が2通ある場合には日付の新しいほうが有効になります。

大切な人の連絡先

ここには「キーパーソンや緊急時の連絡先ではないけれど、何かあったときに知らせてほしい」という人の連絡先を書いておきましょう。どんなときに連絡してほしいかも記入して。

家族・親戚

記入日 　　　年　　　月　　　日

名前	続柄
住所 〒	
連絡先①	連絡先②
連絡してほしいタイミング　☐ 入院時　☐ 葬儀　☐ 死後落ち着いた頃　☐ その他（　　　　　　　　　　）	
備考	

名前	続柄
住所 〒	
連絡先①	連絡先②
連絡してほしいタイミング　☐ 入院時　☐ 葬儀　☐ 死後落ち着いた頃　☐ その他（　　　　　　　　　　）	
備考	

名前	続柄
住所 〒	
連絡先①	連絡先②
連絡してほしいタイミング　☐ 入院時　☐ 葬儀　☐ 死後落ち着いた頃　☐ その他（　　　　　　　　　　）	
備考	

名前	続柄
住所 〒	
連絡先①	連絡先②
連絡してほしいタイミング　☐ 入院時　☐ 葬儀　☐ 死後落ち着いた頃　☐ その他（　　　　　　　　　　）	
備考	

 ★連絡先①には電話番号、②にはメールアドレスなど分けて記入を。

●学生時代の友達、職場の同僚、習い事のメンバーなど、つき
　あいのあるグループの中の代表的な人を書きましょう。
●必要に応じて、ＳＮＳのグループなどでまとめて連絡してもら
　うといいでしょう。

友人知人

記入日　　　年　　　月　　　日

名前	間柄
住所　〒	

連絡先①	連絡先②

連絡してほしい
タイミング　　☐ 入院時　☐ 葬儀　☐ 死後落ち着いた頃
　　　　　　　☐ その他（　　　　　　　　　　　　　　　　）

備考

名前	間柄
住所　〒	

連絡先①	連絡先②

連絡してほしい
タイミング　　☐ 入院時　☐ 葬儀　☐ 死後落ち着いた頃
　　　　　　　☐ その他（　　　　　　　　　　　　　　　　）

備考

名前	間柄
住所　〒	

連絡先①	連絡先②

連絡してほしい
タイミング　　☐ 入院時　☐ 葬儀　☐ 死後落ち着いた頃
　　　　　　　☐ その他（　　　　　　　　　　　　　　　　）

備考

名前	間柄
住所　〒	

連絡先①	連絡先②

連絡してほしい
タイミング　　☐ 入院時　☐ 葬儀　☐ 死後落ち着いた頃
　　　　　　　☐ その他（　　　　　　　　　　　　　　　　）

備考

　★住所は都道府県や市区町村だけメモするのでもOK。

わたしの死後

大切な人の連絡先

もっと知りたい！
困ったときに役立つサイト

このエンディングノートには、
あなたのこれからに役立ちそうな情報をまとめています。
でも「もっとここ、詳しく知りたい！」というテーマもあることでしょう。
そんなときには以下のウェブサイトを開いてみてください。

お金について知りたい

知るぽると　金融広報中央委員会
https://www.shiruporuto.jp/
お金に関する基礎知識が満載のサイト。老後資金の準備の仕方や年金の疑問、
介護の基礎知識や遺言、相続、墓じまいまでこのサイトで勉強できる。

金融庁
https://www.fsa.go.jp/
金融行政に関する方針や最新情報のほか、NISAについてよくわかる特設サイト
や、子ども向けの金融基礎知識が学べるコーナーも。

日本FP協会「わたしたちのくらしとお金」
https://www.jafp.or.jp/know/
人生100年時代のお金の「戦略」について学ぶページや、家計のバランスシート
など、わが家の収支を見直すヒントがいっぱい。

全国銀行協会
https://www.zenginkyo.or.jp/
お金に関する素朴な疑問に答えるコーナーや、金融犯罪の手口、カードローンの
問題など多岐にわたる情報をお届け。

投資信託協会
https://www.toushin.or.jp/
投資信託初心者向けの基礎知識から、個別の投資信託の検索まで、投資信託に
関する情報をなんでも調べられるサイト。

年金について知りたい

厚生労働省「年金・日本年金機構関係」
https://www.mhlw.go.jp/stf/seisakunitsuite/bunya/
nenkin/nenkin/index.html
公的年金について知りたい情報がすぐに探せる「年金ポータル」など、年金に関す
る素朴な疑問にも答えてくれるサイト。

国民年金基金
https://www.npfa.or.jp/
国民年金のみの自営業者などに向けた「国民年金基金」について調べることがで
きる。iDeCoについてもわかりやすく解説。

日本年金機構　「ねんきんネット」
https://www.nenkin.go.jp/n_net/
ここに登録すれば、自分が将来もらえる年金見込み額の試算や、年金加入記録
の確認ができる。

保険について知りたい

生命保険文化センター
https://www.jili.or.jp/
生命保険の基礎知識が学べるサイト。Q＆Aコーナーが充実しているので、素朴な疑問の解決にもつながる。

生命保険協会
https://www.seiho.or.jp/
生命保険に関する疑問や、トラブルなどがあったときの相談窓口がある。

日本損害保険協会
https://www.sonpo.or.jp/
自賠責保険、自動車保険、火災保険、地震保険、傷害保険などの損害保険についてのさまざまな情報を知ることができる。

消費者トラブルについて知りたい

国民生活センター
http://www.kokusen.go.jp
おひとりさま高齢者を狙う悪質な販売行為は後をたたない。どんなトラブルがあるのか、このサイトを見ればよくわかる。

消費者庁「消費者教育ポータルサイト」
https://www.kportal.caa.go.jp
消費者教育に関するさまざまな情報が提供されているサイト。ライフステージごとに必要そうな教材をダウンロードすることができる。

税務・法律について知りたい

国税庁
https://www.nta.go.jp/
確定申告の申告手続きや納税の方法などがわかるサイト。相続税など、税金についての疑問にも答えてもらえる。

日本司法支援センター　法テラス
https://www.houterasu.or.jp/
国によって設立された、法的トラブル解決のための総合案内所。問題解決の道案内をしてくれる。メールでも電話でも問い合わせが可能。

社会保険について知りたい

全国健康保険協会（協会けんぽ）
https://www.kyoukaikenpo.or.jp/
健康保険についての基礎知識が学べるだけでなく、医療費の節約方法や健康サポート情報なども充実している。

介護について知りたい

厚生労働省「介護事業所・生活関連情報検索」
https://www.kaigokensaku.mhlw.go.jp/
厚労省が運営する介護サービス情報公表システム。介護保険法に基づく全26種類54サービスの事業所や施設が全都道府県で検索できる。

WAM NET（ワムネット）
https://www.wam.go.jp/
福祉・保健・医療の総合サイト。行政の介護保険最新情報や各都道府県の介護サービス情報公表サイトにリンクできる。

老人ホーム検索サイト「みんなの介護」
https://www.minnanokaigo.com
全国各地の老人ホームを検索できるサイト。老人ホームの選び方や、介護保険制度についての解説ページも充実。

監修　黒田尚子

CFP®、1級FP技能士。CNJ認定乳がん体験者コーディネーター、消費生活専門相談員資格。富山県出身。千葉県在住。立命館大学法学部卒業後、日本総合研究所入社。在職中にFP資格を取得。1998年独立。現在は、医療や介護、老後、消費者問題などに注力。「がんと暮らしを考える会」の理事や城西国際大学の非常勤講師も務める。『お金が貯まる人は、なぜ部屋がきれいなのか「自然に貯まる人」がやっている50の行動』（日本経済新聞出版）など著者多数。

ブックデザイン/喜來詩織（entotsu）
本体デザイン/今井悦子（met）
イラスト/平澤南
構成/神素子
編集担当/近藤祥子（主婦の友社）

おひとりさまの
はじめてのエンディングノート

2021年12月31日　　第1刷発行
2023年 4 月10日　　第4刷発行

監　修　黒田尚子
発行者　平野健一
発行所　株式会社主婦の友社
　　　　〒141-0021
　　　　東京都品川区上大崎3-1-1目黒セントラルスクエア
　　　　電話03-5280-7537（編集）03-5280-7551（販売）
印刷所　大日本印刷株式会社

©Shufunotomo Co., Ltd. 2021　Printed in Japan
ISBN978-4-07-449912-0

■本書の内容に関するお問い合わせ、また、印刷・製本など製造上の不良
　がございましたら、主婦の友社（電話 03-5280-7537）にご連絡ください。
■主婦の友社が発行する書籍・ムックのご注文は、
　お近くの書店か主婦の友社コールセンター（電話 0120-916-892）まで。
＊お問い合わせ受付時間　月〜金（祝日を除く）9:30〜17:30
主婦の友社ホームページ　https://shufunotomo.co.jp/